कुकुरमुत्ता

कुकुरमुत्ता

सूर्यकान्त त्रिपाठी 'निराला'

वाणी प्रकाशन

प्रकाशन के उत्कृष्टतम 61 वर्ष

सजिल्द पहला संस्करण : 2024

vaniprakashan.com

वाणी प्रकाशन

4695, 21-ए, दरियागंज, नयी दिल्ली-110 002

फ़ोन : +91 11 23273167, 23275710

शाखाएँ

अशोक राजपथ, पटना-800 004, बिहार

कॉफ़ी हाउस कैम्पस, महात्मा गांधी मार्ग, प्रयागराज-211 001, उत्तर प्रदेश

महात्मा गांधी अन्तरराष्ट्रीय हिन्दी विश्वविद्यालय, वर्धा-442 001, महाराष्ट्र

sales@vaniprakashan.in
vaniprakashan@gmail.com

Kukurmutta
by Suryakant Tripathi 'Nirala'

ISBN : 978-93-6287-625-6
Poetry Collection

मूल्य : ₹ 395

जी.एस. ऑफ़सेट द्वारा दिल्ली-110 095 में मुद्रित

वाणी प्रकाशन का लोगो मक़बूल फ़िदा हुसेन की कूची से

कुँवर सुरेश सिंह
को
सस्नेह

—*'निराला'*

भूमिकाएँ

आवेदन

'कुकुरमुत्ता' का संशोधित संस्करण, आशा है, पाठकों को पसन्द आयेगा। इसके व्यंग्य और इसकी भाषा आधुनिक है। जब यह पहले-पहल 'हंस' में छपा था, डॉ. हेमचन्द्र जोशी ने इसकी तारीफ की थी, दूसरे बहकावे से लोगों को बचाने की कोशिश की थी। मैं डॉ. जोशी को धन्यवाद देता हूँ। अर्थ-समस्या में निरर्थकता को समूल नष्ट करना साहित्य और राजनीति का कार्य है। बाहरी लदाव हटाना ही चाहिए, क्योंकि हम जिस माध्यम से बाहर की बातें समझते हैं वह भ्रामक है, ऐसी हालत में 'इतो नष्टस्ततो भ्रष्टः' होना पड़ता है। किसी से मैत्री हो, इसका अर्थ यह नहीं है कि हम बेजड़ और बेजर हैं। अगर हमारा नहीं रहा तो न रहने का कारण है, कार्य इसी पर होना चाहिए। हम हिन्दी-संसार के कृतज्ञ हैं, जिसने अपनी आँख पायी है। इस पथ में अप्रचलित शब्द नहीं। बाजार आज भी गवाही देता है कि किताब चाव से खरीदी गयी, आवृत्ति हजार कान सुनी गयी और तारीफ लाख-मुँह होती रही। हो सका तो ऐसी रचनाएँ लायी जायेंगी। इति।

काशी —**सूर्यकान्त त्रिपाठी 'निराला'**

8-7-48

कुकुरमुत्ता : काव्य-आभिजात्य से मुक्ति

(1)

'कुकुरमुत्ता' की ठीक-ठीक रचना-तिथि 3-4-41 दी हुई है। इसका सामान्य अर्थ यही हो सकता है कि उक्त तिथि को 'निराला' ने 'कुकुरमुत्ता' कविता को अन्तिम रूप दिया होगा। कविता का पूर्वार्द्ध अगले महीने ही 'हंस' ('हंस', मई, '41) में छपा। अब तक कुकुरमुत्ता के कुल तीन संस्करण हो चुके हैं। पहला संस्करण 'युग-मन्दिर, उन्नाव' से, दूसरा 'श्री राष्ट्रभाषा विद्यालय, काशी' से और तीसरा 'किताब-महल, इलाहाबाद' से है। 'युग-मन्दिर, उन्नाव' के संस्करण में भूमिका के नीचे 'निराला' के हस्ताक्षर के साथ, 4-6-42, प्रकाशन-तिथि पड़ी हुई है। उपर्युक्त रचना-तिथि (3-4-41) भी इसी संस्करण में कविता के नीचे दी हुई है। इस तरह लिखे जाने के लगभग एक वर्ष बाद कविता पुस्तकाकार प्रकाशित हुई थी। 'कुकुरमुत्ता' के इस पहले संस्करण में 'कुकुरमुत्ता' कविता के अलावा सात दूसरी कविताएँ भी शामिल हैं—(1) 'गर्म पकौड़ी', (2) 'प्रेम-संगीत', (3) 'रानी और कानी', (4) 'खजोहरा', (5) 'मास्को डायलाग्स', (6) 'स्फटिक शिला' और (7) 'खेल'। इनमें केवल 'खजोहरा' को छोड़कर शेष सभी कविताओं के नीचे

रचना-तिथि दी हुई है। इससे यह विदित होता है कि ये सारी कविताएँ, '39 से '42 के बीच लिखी हुई है। इस प्रकार 'कुकुरमुत्ता' का पहला संस्करण एक 'कविता-संग्रह' है, न कि एक लम्बी कविता की पुस्तक। बाद में 'निराला' ने उपर्युक्त सातों कविताएँ अपने एक अगले कविता-संग्रह 'नये पत्ते' (प्रकाशन वर्ष, '46) में शामिल कर लीं और उसके बाद 'कुकुरमुत्ता' कविता का स्वतन्त्र, 'संशोधित' दूसरा संस्करण 'श्री राष्ट्रभाषा विद्यालय, काशी' से जुलाई, '48 में प्रकाशित हुआ। इस दूसरे संस्करण में भूमिका भी अलग से दी हुई है और पहले संस्करण की भूमिका (जिसका शीर्षक 'जियाफत' दिया गया था।) को इसमें शामिल करने की जरूरत 'निराला' ने नहीं समझी। इन दोनों भूमिकाओं के बारे में आगे हम विचार करेंगे। इस दूसरे संस्करण से 'कुकुरमुत्ता' एक लम्बी कविता की पुस्तक है, काव्य-संग्रह नहीं। 'किताब-महल, इलाहाबाद' से प्रकाशित तीसरा संस्करण (प्रकाशन-वर्ष '52) इसी दूसरे संस्करण की अनुवृत्ति है। 'कुकुरमुत्ता' के सम्बन्ध में यह भी ध्यान देने योग्य है कि इसका प्रकाशन 'रायल्टी पर' हुआ था। इस तथ्य की पुष्टि श्री रामकृष्ण त्रिपाठी (निराला जी के पुत्र) को लिखे गये स्वयं 'निराला' के ही एक पत्र[1] से होती है।

———————

1.
दारागंज, इलाहाबाद : 31-1-45

चिरंजीव रामकृष्ण,

तुम्हारे दोनों पत्र मिले। समाचार मालूम हुए। कल तीस रुपये तुम्हारे खर्च के लिए भेजे। आज पन्द्रह रुपये और भेजते हैं।...चौधरी साहब के 'युग-मन्दिर' से हमारी तीन किताबें रायल्टी पर निकली, (1) 'बिल्लेसुर बकरिहा' (2) 'कुकुरमुत्ता' (3) 'अणिमा। पहली दोनों कविताओं के संस्करण समाप्त हो चुकें हैं। फिर से छापने के लिए हमने मना किया था। सुना है 'बकरिहा' का संस्करण वे कर रहे हैं। क्या बात है, मालूम करके लिखना...।

सस्नेह

—सूर्यकान्त त्रिपाठी 'निराला'

'रायल्टी पर निकली' यह वाक्य-खण्ड 'निराला' के सन्दर्भ में इससे इतर एक दूसरे अर्थ को भी ध्वनित करता है, जिससे हम सभी परिचित हैं।

(2)

विषय-वस्तु, शिल्प, भाषिक संरचना और अभिव्यक्ति की नयी एकान्विति के कारण, 'कुकुरमुत्ता' के पहले संस्करण की कविताओं का चयन अद्‌भुत रूप से महत्त्वपूर्ण हैं। इन आठों कविताओं का मिजाज बिलकुल एक-सा है। उनकी ताजगी, उनके शब्द-प्रयोग, उनकी गद्यात्मकता का कवित्व, भाषा का अजीब-सा छिदरा-छिदरा संघटन, अन्दर तक चीरता हुआ व्यंग्य और उन्मुक्त हास्य-क्षमता तथा कठोरता के कवच में छिपी अगाध (अप्रत्यक्ष) करुणा और उपेक्षित के उन्नयन के प्रति गहरी आस्था, 'निराला' की रचना-सक्षमता और काव्य-दृष्टि के एक नये (सर्वथा अछूते नहीं) आयाम को हमारे सामने उद्‌घाटित करती है। सामान्य के संस्पर्श से अभिषिक्त, सच्ची कविताओं का इतना लघु किन्तु सर्वांग-सम्पूर्ण संग्रह उस युग में, और उसके बाद भी, दूसरा नहीं प्रकाशित हुआ। इस संग्रह की कविताएँ जैसे हिन्दी-कविता की भाव-सम्पदा की उस सम्पूर्ण परम्परा, कल्पना-प्रवणता और तथाकथित अनुभव-समृद्धि के छलावे पर सामूहिक रूप से प्रहार करती है, जिससे छायावादी कविता ग्रस्त थी। लेकिन यह प्रहार निराला की अपनी ही या अपने दूसरे समकालीन कवियों की स्थापित और मान्यता-प्राप्त, लोकप्रिय काव्य-वृत्ति को तोड़ने के लिए नहीं, बल्कि अपनी नयी शक्तिमत्ता और सार्थकता को उतनी ही महत्ता और मूल्यवत्ता से स्वीकृत कराने के एक आस्थाशील हठ के रूप में है। जैसा कि हम शुरू में

ही देख चुके हैं, इन कविताओं का रचना-काल '39 से '42 के वे वर्ष हैं, जिसमें हिन्दी-कविता और अन्य विधाओं में भी प्रगतिशील आन्दोलन का बोलबाला था। इस भ्रम से वह दूसरा भ्रम में भी कई बार खड़ा किया गया है कि 'निराला' की 'कुकुरमुत्ता' की कविताएँ प्रगतिशील आन्दोलन की उपज है। 'कुकुरमुत्ता' की इससे बड़ी भ्रामक व्याख्या और कोई नहीं हो सकती। आज जब कि 'निराला' को स्वर्गवासी हुए सात वर्ष हो चुके हैं और उनका सारा साहित्य (उनकी अप्रकाशित कविताओं का अन्तिम संकलन 'सान्ध्य काकली' अब भी प्रकाशित हो चुका है।) हमारे सामने है, हमें उनके सम्पूर्ण रचना-अनुभव को एक बार फिर से टटोलकर उसका पुनर्मूल्यांकन करना होगा।

संसार के दूसरे महाकवियों की तरह 'निराला' में रचना-प्रक्रिया और संवेदना के कई-कई स्तर एक ही समय में कार्यरत दिखायी देते हैं। उनका अनुभव, उनकी संवेद्य आकुलता और उनकी भाषिक और शिल्प-गत संरचना—सब, इतने गहन और विराट् हैं कि वे अक्सर और सहज रूप में कार्यशील दिखायी देते हैं। उनके पहले काव्य-संग्रह 'अनामिका' से लेकर अन्तिम संकलन 'सान्ध्य काकली' तक में अनुभव, शिल्प, अभिव्यक्ति और भाषागत संरचना के ये विविध रूप और स्तर ढूँढ़ने पर आसानी से मिल जाते हैं। अतः 'निराला' की कविताओं का अध्ययन, काल-क्रम में उतना उपयोगी और स्तरीय तथा उचित नहीं लगता, जितना इन रचनास्तरों की ऐतिहासिक खोज और अनुभव और भाषा के विभिन्न आयामों के विकास और उनकी संरचना की विशेषताओं के अध्ययन में। सम्भव है, मेरी इस धारणा में विद्वान् आलोचकों और पूर्वग्रहियों को कोई त्रुटि दिखे, लेकिन 'निराला' के विराट क्रियाशील काव्य-व्यक्तित्व के सही अध्ययन का दूसरा भी तरीका, निश्चित रूप से भ्रामक सिद्ध होगा। उदाहरण के लिए 'कुकुरमुत्ता' के सन्दर्भ में ही अगर हम

'निराला' के विराट काव्य-व्यक्तित्व की छानबीन करें तो उपेक्षित के उन्नयन, उसके प्रति गहरी करुणा और सामान्य की प्रतिष्ठा को अभिव्यक्ति देनेवाली कविताएं 'निराला' के भी संग्रहों में समान रूप से मिल जायेंगी। 'अनामिका' की 'तोड़ती पत्थर' और 'वे किसान' की 'नयी बहू की आँखें', 'परिमल' की 'विधवा', 'भिक्षुक', 'दीन' से लेकर 'कुकुरमुत्ता' के बाद प्रकाशित 'नये पत्ते', 'बेला' की अधिकांश कविताएँ और 'अर्चना', 'अणिमा', 'आराधना' के कुछ लोक-धुनों से सम्पन्न नये गीत, इस रचना-स्तर में हमें मिल जाते हैं। किन्तु उपेक्षित के प्रति इस गहरी करुणा, उसके उन्नयन या उसकी प्रतिष्ठा की अभिव्यक्ति और दृष्टिकोण में कालक्रम का अध्ययन नियोजित किया जा सकता है। इस दृष्टि से पहले की कविताओं ('विधवा', 'तोड़ती पत्थर', 'भिक्षुक', 'दीन' अथवा 'बादल राग') से 'कुकुरमुत्ता' की कविताओं के सम्पूर्ण टोन में, एक सुखद विकास और परिवर्तन लक्षित होता है। 'विधवा' या 'भिक्षुक' या 'तोड़ती पत्थर' विषय-वस्तु की दृष्टि से एक ही कोटि में आने के बावजूद अपनी सम्पूर्ण अभिव्यक्ति और भाषिक संरचना में छायावादी कविताएँ ही हैं। उनका मिजाज नया था इस उस तरह अलग नहीं है जिस तरह की 'कुकुरमुत्ता' की अथवा 'नये पत्ते' संग्रह का। 'विधवा', 'भिक्षुक' अथवा 'तोड़ती पत्थर' की करुणा भी वह उफनती हुई करुणा है, जो छायावादी कविता की अपनी विशेषता है। इन कविताओं को जैसे 'निराला' अपनी छाती से चिपकाये हुए हैं। अपनी करुणा से सतत रूप से आर्द्र, अभिभूत और आप्लावित किये हुए हैं। एक विराट अश्वत्थ की तरह 'निराला' का सम्पूर्ण व्यक्तित्व इन पर छाया हुआ है। साथ ही विषय-वस्तु के रूप में 'उपेक्षित' होते हुए भी 'विधवा', 'तोड़ती पत्थर', 'दीन' या 'भिक्षुक' के पात्रों के सहने में एक विचित्र प्रकार की उच्चाशयता के दर्शन होते हैं। यह सहने की उच्चाशयता भी छायावाद के उसी काव्य-आभिजात्य की देन है या उसी आदर्श से अनुप्राणित है।

(1) **'सह जाते हो**
उत्पीड़न की क्रीड़ा सदा निरंकुश नग्न...
...और जगत् की ओर ताक कर
दुःख, हृदय का क्षोभ त्याग कर
सह जाते हो...

—'दीन'

(2) **'देखा मुझे उस दृष्टि से**
जो मार खा रोयी नहीं।
सजा सहज सितार...

—'तोड़ती पत्थर...

(3) **ठहरो अहो, मेरे हृदय में है अमृत, मैं सींच दूँगा**
अभिमन्यु जैसे हो सकोगे तुम
तुम्हारे दुःख मैं अपने हृदय में खींच लूँगा।

—'भिक्षुक'

यह सहने की विवश उच्चाशयता या उफनती करुणा का अपार प्रसार सारी विषमता नवीनता के बावजूद इन कविताओं में हर जगह मिलता है। ये कविताएँ करुणाभिभूत अधिक करती हैं। कुछ इस सीमा तक कि उनका नग्न यथार्थ (जो सम्भवतः कवि का अभिप्रेत है।) इस करुणा में ऊभ-चूभ होता हुआ दिखता है। नग्न यथार्थ की यही ठोस और व्यंग्यपूर्ण परिणति आगे चलकर 'कुकुरमुत्ता' में परिलक्षित होती है। वहाँ उपेक्षित अथवा सामान्य द्वारा न तो सहने की उच्चाशयता के दर्शन होते हैं, न ही 'निराला', उन्हें छाती से चिपकाये हुए-से नजर आते हैं। 'रानी और कानी' ए 'गर्म पकौड़ी', 'प्रेत संगीत', 'खजोहरा', स्फटिक शिला' अथवा 'कुकुरमुत्ता' आदि सारी कविताएँ कवि से किंचित् पृथक्,

अपना एक स्वतन्त्र व्यक्तित्व धारण किये हुए सामान्य ही दिखने की चेष्टा में रत हैं। यहाँ एक ठण्डा और काटता हुआ व्यंग्य है—'कानी' में जिसका नाम 'रानी' है और जो बेहद कुरूप है, या 'कुकुरमुत्ता' की डींग में और अन्ततः गुलाब की जगह उसकी उपयोगितावादिता में या 'प्रेम-संगीत' के ठेठ देहातीपन और नंगे कथन में या 'खेल' के 'अकड़े हुए लड़के' में।

यही वस्तु-स्थिति भाषिक संरचना और अभिव्यक्ति को लेकर भी देखी जा सकती है। मुक्त छन्द के बावजूद 'तोड़ती पत्थर' या दूसरी कविताओं का सम्पूर्ण संग्रथन छायावादी है। शब्द-प्रयोग से लेकर उनकी ध्वनि, लयात्मकता और कथन-भंगिमा—सभी कुछ में छायावादी संस्कार उभरकर सामने आ जाता है। ('भिक्षुक' कविता को इसका अपवाद कहा जा सकता है।) शब्द-बन्ध में जगह-जगह यहाँ एक विचित्र प्रकार का घाल-मेल मिलता है। जहाँ कहीं भी विषय के अनुकूल शब्द-बन्ध को ढालने की चेष्टा की गयी है, वहीं तुरन्त संस्कारशील शब्द-गरिमा फिर पंक्तियों के बीच से तोड़कर आ जाती है। जैसे कोई न छायादार, पेड़'...के बाद 'श्याम तन, भर बँधा यौवन, नत नयन, प्रिय कर्म-रत मन—' यह पूरा बन्ध छायावादी शब्द-संयोजन की देन है। इससे पत्थर तोड़नेवाली के एक अभिजात-से लगनेवाले सौन्दर्य की सृष्टि होती है—उसका काला-कलूटा रंग और पत्थर तोड़ती हुई मुद्रा अधिक प्रकट नहीं होती। इसी तरह 'हथौड़े' के साथ 'गुरु' शब्द का 'भारी' की जगह प्रयोग या 'तरुमालिका अट्टालिका, प्राकार' अथवा 'लीन होते कर्म में'—यह सारा-का-सारा शब्द संग्रथन छायावादी है। भाषिक संरचना का यह रूप कविता को पुराने अर्थों में कविता का रूप देने की ओर अधिक उन्मुख है, उसे सामान्य बनाने की ओर कम। 'विधवा' या 'दीन' कविताएँ भी भाषिक संरचना और अभिव्यक्ति की भाव-भंगिमा की इसी विशेषीकरण की प्रवृत्ति को

इंगित करती हैं। इसकी जगह या इसकीर तुलना में अभिव्यक्ति की नयी भंगिमा, सर्वथा नयी भाषा-संरचना, काव्य-आभिजात्य से पृथक् सामान्य को सामान्य रूप में रहने देकर उसके अन्दर से नग्न और भयावह यथार्थ को उजागर करने तथा तराशनेवाले व्यंग्य के उदाहरण रूप में 'कुकुरमुत्ता' के पहले संस्करण की एक ही कविता 'रानी और कानी' को उद्धृत करना काफी होगा।

''माँ उसको कहती है रानी
आदर से, जैसा है नाम,
लेकिन उसका उलटा रूप
चेचक के दाग, काली, नाक-चिप्टी
गंगा सर, एक आँख कानी।

—रानी अब हो गयी सयानी।

बीनती है, काँड़ती है, कूटती है, पीसती है
डलियों के सीले अपने रूखे हाथों मीसती है
घर बुहारती है, करकट फेंकती है,
औ घड़ों भरती है पानी।...
...
...
सुनकर कानी का दिल हिल गया...
दायीं आँख से आँसू भी बह चले माँ के दुःख से
लेकिन वह बायीं आँख कानी
ज्यों-की-त्यों रह गयी रखती निगरानी।'

—'रानी और कानी'।

मैंने पूरी कविता नहीं उद्धृत की है। ऊपरवाले दो खण्डों में भाषिक संरचना का अद्भुत और सर्वथा नया रूप दृष्टिगत

होता है। बल्कि पुराने काव्य-शास्त्र या आलोचना-मानों के अनुसार कविता में प्रयुक्त अधिकांश शब्द 'वर्जित', 'भदेस', 'काव्य-गुण-विपन्न' 'देशज' और न जाने क्या-क्या कहलायेंगे। लेकिन यहाँ पूरी कविता में जैसे उन्हीं के प्रयोग का आग्रह एक चुनौती के रूप में झलकता है। बल्कि शब्द यहाँ अभिव्यक्त न करके अभिप्रेत मन्तव्य का साकार चित्र खड़ा कर देते हैं। उनकी क्षमता यहाँ दर्शनीय है। 'नक-चिप्टी', 'काँड़ती है', 'बीनती है', 'कूटती है', 'पीसती है' से लेकर 'गंजा सर' और 'एक आँख कानी' के साथ माँ के द्वारा 'रानी' सम्बोधन एक तीखे व्यंग्य और कठोर करुणा की सृष्टि करता है। 'काली, नक-चिप्टी' के साथ 'और घड़ों भरती है पानी' वाली श्रमशीलता और 'श्याम तन, भर बँधा यौवन, नत नयन, प्रिय कर्म-रत-मन' की श्रमशीलता की अभिव्यक्ति में कितना बड़ा गुणात्मक अन्तर है, यह आसानी से लक्ष्य किया जा सकता है। एक नग्न यथार्थ की कटु अभिव्यक्ति है, तो दूसरी (तोड़ती पत्थर) यथार्थ को काव्य-आभिजात्य देने का प्रयास। इसके अलावा 'तोड़ती पत्थर' में व्यंग्य न होकर जहाँ एक मूक विवशता ('मैं तोड़ती पत्थर') और वही—सहने की उच्चाशयता है, वहाँ पर 'रानी और कानी' में अपना व्याह न हो सकने की बात सुनकर 'दायीं आँख' से माँ के दुख से रोने और बायीं आँख (कानी) से इस करुणा पर जैसे निगरानी रखते हुए चुप रहने में व्यंग्य का भयानक, तीखीं और नंगी और कटु मार अभिव्यक्त हुई है। अपना व्याह न होने की विवशता का दुःख कानी को उतना नहीं है, जितना इस चिन्ता से माँ के दुःखी और परेशान होने का। कानी अपने लिये नहीं रोती, बल्कि माँ के लिए अपनी साबुत आँख से रोती है और कानी आँख से चुप रहती है। इतनी अनुपम, भिन्नार्थक, डाइनॉमिक और साथ ही इतनी छोटी कविता, इतनी अर्थगर्भित मुझे हिन्दी के समग्र आधुनिक काव्य में दूसरी नहीं मिली। इस

नयी भाषिक संरचना के उदाहरणस्वरूप 'कुकुरमुत्ता' के पहले संस्करण की सारी कविताएँ उद्धृत की जा सकती हैं। इस तरह 'निराला' के काव्य-व्यक्तित्व के जिस रचना-स्तर का आरम्भ 'विधवा', 'दीन', 'तोड़ती पत्थर' या 'भिक्षुक' में हुआ, उसका चरम विकास 'कुकुरमुत्ता' में मिलता है। 'नये पत्ते' एक तरह से अनुभव के इस नये आयाम को और अधिक प्रतिष्ठित करने के लिए प्रकाशित किया गया है। बाद की कविताओं में 'निराला' का यह स्वर फिर कुछ-कुछ क्षीण-सा हो गया है और उन पर उनका गीतकार और प्रार्थना-परक रूप तथा दैन्य, करुणा और व्यथा और अन्त की अगाध विवशता हावी हो गयी है। इस तरह 'कुकुरमुत्ता' का यह प्रथम संस्करण भाव, अभिव्यक्ति, भाषा, व्यंग्य और कटु यथार्थ के गहरे चित्रण के कारण निश्चय ही हिन्दी में एक नये काव्य-मान, एक नयी शैली और एक सर्वथा मौलिक काव्य-सम्पन्नता के स्वीकार की शुरुआत करता है।

(3)

'कुकुरमुत्ता' का दूसरा संस्करण, जैसा कि हम शुरू में ही सूचित कर चुके हैं, सिर्फ एक लम्बी कविता-पुस्तक है, न कि काव्य-संग्रह। सम्भवत: सन् '42 से '48 तक आते-आते 'कुकुरमुत्ता' की अर्थवत्ता को उतनी स्वीकृति मिल चुकी थी, जितना कि उसके स्वतन्त्र रूप में पुस्तकाकार प्रकाशन के लिए आवश्यक थी। दूसरी ओर इसी भाव-भूमि पर लिखी गयी 'नये पत्ते' की कविताओं को और समग्र, सार्थक और महत्त्वपूर्ण बनाने के लिए 'निराला' ने प्रथम संग्रह को शेष सातों कविताएँ इसमें जोड़ दीं। 'कुकुरमुत्ता' कविता की महत्ता की स्वीकृति का यह

संकेत दोनों संस्करणों की भूमिकाओं के 'टोन' से साफ झलक आता है। पहले संस्करण में 'निराला' लिखते हैं—'इसमें वह शरीक होंगे जिन्हें न्योता नहीं भेजा गया।' इसमें दिया गया संकेत साफ प्रकट है। अर्थात् वे सामान्यजन, जो इतने नाम-रूप और हीन और 'अविशेष' और 'समूह' है कि उन्हें आमन्त्रित नहीं किया जा सकता। भूमिका में आगे चलकर 'निराला' की अकड़ और अहं देखने लायक है। लेकिन उस संक्षिप्त-सी भूमिका के अन्दर यह बात साफ झलकती है कि 'विशेष' से सम्भवत: इस नयी काव्य-सम्पदा और भाषिक संरचना की स्वीकृति नहीं मिलेगी और वे निमन्त्रित होकर भी इसकी उपेक्षा ही करेंगे। इन 'विशेष' लोगों के काव्य-संस्कार को एक ठोकर लगाने और उनकी परवाह न करने की मुद्रा में और सम्भवत: उन्हें थोड़ा और चिढ़ाने की गरज से 'निराला' ने अपनी इस संक्षिप्त-सी भूमिका का शीर्षक तक 'जियाफत' दिया है। ...लेकिन दूसरे संस्करण में यह हठ एक आत्मविश्वास में परिणत हो गया है। पहले संस्करण की भूमिका भी इसमें शामिल नहीं की गयी है। असहमत होनेवालों को 'गलत राह पर' जानेवाला बताया गया है। साथ ही जनमत की प्रशंसा का भी उल्लेख है और इसका आश्वासन् भी कि इस तरह की और रचनाएँ भविष्य में 'सामने लायी' जायेंगी। दूसरी ओर अति की सीमा तक जाकर उर्दू-फारसी शब्दों के बाहुल्य पर एक रोक भी।

चूँकि इस दूसरे संस्करण की भूमिका में 'कुकुरमुत्ता' को 'संशोधित संस्करण' कहा गया है, इसलिए उत्सुकतावश मैंने प्रथम संस्करण से इसे मिलाकर देखना शुरू किया। कविता के इस दूसरे संस्करण में 'निराला' ने लगभग निन्यानबे परिवर्तन किये हैं। ये परिवर्तन अपने-आप में अत्यन्त रोचक अध्ययन का विषय है—खासकर एक दूसरे परवर्ती कवि के लिए...। यह संशोधन-परिवर्तन कहीं भाषा के मुहाविरे

को उचित रूप देने के लिए, कहीं भाषा को और अधिक रवाँ बनाने के लिए, कहीं लय के उचित और अनुरूप सन्धान के लिए, कहीं अर्थ-व्यंजना को गहराई देने के लिए और कहीं-कहीं अर्थ-परिवर्तन के लिए किये गये हैं। लेकिन जिस कारण से मैंने इस परिवर्तन और संशोधन पर विद्वान् पाठकों और समालोचकों का ध्यान आकर्षित करने के लिए इस सन्दर्भ में कुछ लिखना आवश्यक समझा, वह इन परिवर्तनों संशोधनों में से लगभग आधे के प्रति मेरा आश्चर्य और एक सीमा तक मेरी विनम्र असहमति है।[1] जहाँ तक उपर्युक्त कारणों में परिवर्तन या संशोधन किये हैं, वहाँ तक तो ठीक है। लेकिन जगह-जगह इन परिवर्तनों से लय भंग हो गयी है, या सही मुहावरा गलत हो गया है या भाषा की रवानगी की जगह एक सपाट विवरणात्मकता ने ले ली है। जगह-जगह इन परिवर्तनों से एक सुघड़ अभिव्यक्ति, स्थिर, जड़ और प्रवाहहीन हो गयी है। उचित या अनुचित (मेरी दृष्टि में) दोनों प्रकार के संशोधन-परिवर्तन कभी शब्दों की जगह बदलकर एकाध नया शब्द घटा-बढ़ाकर, क्रियापद, पूर्वकालिक क्रिया बढ़ाकर, शब्दों की वर्तनी में परिवर्तन करके, पर्यायवाची के द्वारा या उपसर्ग-पर सर्ग बदलकर किये गये हैं। कहीं-कहीं ये परिवर्तन उर्दू के लहजे या उसकी अप्रचलित मुहावरेदानी को हटाने के लिए भी किये गये हैं। मैंने इन अनुचित परिवर्तनों पर बहुत-कुछ सोचा। अपने को तर्क से राहत देने की कोशिश की। मैं उसके पीछे के मनोवैज्ञानिक कारणों या उद्‌देश्यों की तह में जाने की कोशिश करता रहा। मैंने 'निराला' की तथाकथित विक्षिप्तता की बात भी सोची। लेकिन इस सम्बन्ध में मेरे लिये कोई भी निर्णय दे सकना कठिन है। 'कविता' का अपने नये-नये रूप या नयी-से-नयी और यहाँ तक कि सर्वथा अछूती

---

1. निराला द्वारा दिये गये सारे परिवर्तनों की सूची और उन पर एक टिप्पणी इस संस्करण में पुस्तक के अन्त में की जा रही है

भाषिक संरचना और यथार्थ के कटुतम रूपों में भी— 'कविता' होना 'निराला' अपना कर्त्तव्य मानते हैं। कविता में परिवर्तन और संशोधन भी उसे पूर्ण बनाने के उद्‌देश्य से ही किये जाते हैं। स्वयं इसी कविता में 'निराला' ने इस तरह के सुखद और गहरे तथा अत्यन्त सूक्ष्म परिवर्तन किये हैं। वैसे हिन्दी-छपाई में प्रेस और प्रूफरीडर अक्सर अपना घटिया रोल अदा करने के लिए मशहूर हैं। लेकिन इतने सारे अ-सुखद परिवर्तनों को प्रेस या प्रूफ की गलती मानकर संतोष नहीं किया जा सकता। इस तरह के कुछ आश्चर्यजनक और अनुचित परिवर्तनों के उदाहरण विद्वान् पाठकों और जागरूक समालोचकों के सामने रखे जाते हैं :

(प्रथम संस्करण)	**(द्वितीय संस्करण)**
गले लग-लग हवा चलती मन्द-मन्द	1. गले लगकर हवा चलती मन्द-मन्द।
पेट में डण्ड पेलते चूहे, जबाँ पर लफ्ज प्यारा।	2. पेट में डण्ड पेले हों चूहे जबाँ पर लफ्ज प्यारा।
सिटपिटायी देखकर ज्यों अड़गड़े में मर्द को। राह पर ज्यों बाबू उठती गर्द को।	3. सिटपिटायी, जैसे अड़गड़े में देखा मर्द को। बाबू ने देखा हो उठती गर्द को।
पैर सिर पर रख व पीछे को भगा।	4. पैर सर रखकर व पीछे को भगा।
लेकिन कुछेक घूँट लार के।	5. लेकिन यह कुछ एक घूँट लार के।

6. गुस्से में आ, काँपने लगे नव्वाब।	6. गुस्सा आया, काँपने लगे नव्वाब।
7. कुकुरमुत्ता उगाये नहीं उगता।	7. कुकुरमुत्ता अब उगाया नहीं उगता।

ये कुछेक उदाहरण हैं। पहले उदाहरण में 'गले लग-लग' और 'गले लगकर' की अभिव्यंजना में आकाश-पाताल का अन्तर है। एक फूल अथवा एक कली से फिर दूसरी कली के गले लग-लग फिर हवा के आगे बढ़ जाने में विलास का एक मनोहारी चित्र खींचा गया है। यह नव्वाब के बाग का वर्णन है। दूसरी ओर 'गले लगकर चलना' सम्पूर्ण अभिव्यक्ति को लगभग रिक्त कर देता है। गले लगाकर सोने का मुहावरा होता है, मन्द-मन्द चलने का नहीं। दूसरे उदाहरण में 'पेलते' व्याकरण से बिल्कुल ठीक है, जब कि 'पेले हों' का कोई अर्थ या अर्थ-विस्तार या सूक्ष्म व्यंजना समझ में नहीं आती। तीसरा उदाहरण लय-सौन्दर्य (प्रथम संस्करण) और लय-भंग (द्वितीय संस्करण) का है। इस तरह से लय को तोड़कर 'निराला' का उद्देश्य क्या है, इसका अन्दाजा लगाना लगभग असम्भव है। चौथे उदाहरण में पहले संस्करण में मुहावरा ठीक है, दूसरे में व्यर्थ हो गया है। पाँचवें में यह निरर्थक है और लिंग-दोष प्रकट करता है। छठे में 'गुस्से में आ काँपने लगे' मुहावरा या भाषिक संरचना सही है, 'गुस्सा आया, काँपने लगे' अप्रचलित प्रयोग है। सातवें में 'कुकुरमुत्ता उगाये नहीं उगता' एकदम ठीक है। 'उगाया नहीं उगता' मुहावरा ('बात बनाये न बने'—गालिब) नहीं है। इसके अलावा 'अब' शब्द अर्थ-गरिमा को घटाता है और सत्य को सामाजिक भाव बना देता है। इस तरह से लगभग पचासेक संशोधन तो होंगे ही, जहाँ कविता सपाट हो गयी है या अर्थ-भंग हो गया है। ऊपर के उदाहरण मैंने इसलिए यहाँ रखे हैं

कि पूर्वाग्रही नहीं हूँ, न ही मैंने कुछ-का-कुछ साबित कर देने के लिए अपने तर्क-कौशल का सहारा लिया है। अक्सर मेरे दिमाग में एक बात आती है कि इस तरह की सपाटता से 'निराला' क्या करना चाहते हैं? मेरे पास इसका कोई जवाब नहीं है। क्योंकि अगर मैं इसके पक्ष में अपने तर्क-कौशल का उपयोग कर भी डालूँ तो उन शेष परिवर्तनों संशोधनों का क्या होगा, जहाँ एक सूक्ष्म अर्थ के प्रसार अथवा लय की एकान्विति अथवा भाषा के निखार अथवा एक पंक्ति के सम्पूर्ण भाव-कौशल को 'डाइनॉमिक' बनाने के लिए पूर्णतः उपयुक्त परिवर्तन 'निराला' ने किये हैं। दोनों को किसी एक ही तर्क से सही साबित करने का दुस्साहस मेरे अन्दर नहीं है। 'निराला' की प्रखर और अद्वितीय प्रतिभा में अटूट विश्वास रखते हुए भी मैं इस तरह की अन्ध-भक्ति का कायल नहीं हूँ। यह सारा प्रसंग 'कुकुरमुत्ता' कविता के ऐतिहासिक, अर्थगत, भावगत, भाषिक और शिल्प-सम्बन्धी सूक्ष्म परिवर्तन को साहित्य के विद्वान् पाठकों, 'निराला' के अध्येताओं और पूर्वाग्रह रहित ईमानदार आलोचकों तक पहुँचाने के लिए रखा गया है। क्योंकि इसे बिना 'कुकुरमुत्ता' का अध्ययन कभी भी पूर्ण नहीं हो सकता।

(4)

'कुकुरमुत्ता' के सन्दर्भ में 'निराला' की प्रगतिशीलता की खोज और छानबीन बार-बार की गयी है। अक्सर उनकी कविताओं को लेकर उन्हें इस खेमे या उस खेमे में डालने के हास्यास्पद प्रयत्न हुए हैं और अति की सीमा तक उनकी निन्दा या प्रशंसा हुई है। इससे और कुछ हुआ हो या नहीं, 'निराला' के सम्पूर्ण काव्य-व्यक्तित्व की सही समझ में बहुत बाधा

पहुँची है। लगभग पिछले तीस वर्षों तक इस तरह के धुँधले और कुरूप प्रयत्नों के बाद अब हिन्दी के पाठक-वर्ग, ईमानदार आलोचक और सही समझ के काव्य-मर्मज्ञों ने इस बात को महसूस किया है कि 'निराला' की सम्पूर्ण काव्य-रचना को उनके व्यक्तिव्य और उनकी अनुभव-सम्पन्नता के सन्दर्भों में ही समझा जाना चाहिए। जिससे प्रगतिशील आन्दोलन की पारिभाषिक शब्दावली में 'प्रगतिशील' कहा जाता है, उसे 'निराला' के सन्दर्भ में 'सामान्य की प्रतिष्ठा' अथवा 'उपेक्षित का उन्नयन' कहना मैंने ज्यादा उपयुक्त समझा है। 'प्रगतिशील' शब्द से एक भ्रामक व्याख्या के पनपने की आशंका हर क्षण बनी रहती है। 'सामान्य की प्रतिष्ठा' की उत्कुट लालसा 'निराला' के सम्पूर्ण काव्य और चरित्र में विद्यमान है। इस चरित्र-निष्ठता का आधार एक ओर तो 'सत्य' है—यथार्थ, सामान्य का कोई भावुक-सा संदर्भ नहीं, जिसकी चर्चा काव्य काव्यलोचन में प्रगतिशील आन्दोलन के दौरान बहुत अधिक मिलती है। दूसरी ओर 'यथार्थ' की 'काव्यात्मक परिणति' है। निश्चय ही 'काव्यात्मक-परिणति' की यह शर्त छायावादी काव्य के अभिजात संस्कारों से भिन्न और सर्वथा नयी है। इस तरह 'सामान्य की प्रतिष्ठा' की इस उत्कट लालसा और प्रतिज्ञा-बद्धता से 'निराला' एक सर्वथा नयी काव्य-शैली, नये काव्य-मान और एक अभूतपूर्व कविता का उद्घाटन हिन्दी में करते हुए दिखायी देते हैं। सतही और पक्षधर वाद-विवादों में 'निराला' के इस 'युग-पुरुष' रूप के इतिहास को जिस तरह लगातार दबाया गया और गलत व्याख्याओं और निर्णयों के आधार पर जिस तरह इसका श्रेय दूसरे प्रचारवादी और गौण कवियों को दिया गया, वह दुखद है। वैसे इस तरह का गलत इतिहास बहुत दिनों तक नहीं चलता और आगे आनेवाली पीढ़ियाँ उसे समूल उखाड़ फेंकती हैं।...तो फिर 'कुकुरमुत्ता' का सम्पूर्ण अध्ययन उनके काव्य-व्यक्तित्व की विराटता के

सन्दर्भ में ही किया जाना उचित है। इसका संकेत इस भूमिका के शुरूवाले हिस्से में ही हम कर चुके हैं।

'निराला' की एक कविता की प्रथम पंक्ति है—

'बन्दी-गृह वरण किया: जनता के हृदय जिया'

यह पंक्ति सम्पूर्ण रूप से उनके व्यक्तित्व की उस निष्ठा और आत्मश्लाघा और अहं से रचित पवित्रता और विवशता को व्यक्त करती है, जिसके फलस्वरूप 'निराला' अपनी कविता में बार-बार 'उपेक्षित' के प्रश्न से टकराते हैं। अपने चारों के सन्दर्भ, परिस्थिति, घटनाओं, इतिहास और वातावरण को 'निराला' ने 'बन्दीगृह' नाम दिया है। यह 'शान्त-सत्य' अपने-आप में अत्यन्त कठोर और भयावह है। वहाँ मुक्ति नहीं है। निरपराध होते हुए भी अपराधी की स्थिति में दण्ड का भागीदार होना है। और तभी, बल्कि इस तरह 'जनता के हृदय जिया' जा सकता है। 'सामान्य' को अपनी करुणा तभी दी जा सकती है। उसे तभी पाया जा सकता है। जब इस देश को एक 'बन्दीगृह' की तरह कवि अपना ले, उसका वरण कर ले। इसे 'निराला' ने 'जीवन-विष-विषम लिया' से और अधिक स्पष्ट कियां है। इतिहास की सारी धूल, सारी गलाजत और टूटे हुए देश का सारा विष-यथार्थ की सम्पूर्ण भयावहता का यह स्रोत 'निराला' के आन्तरिक और संघठित व्यक्तित्व से ही छनकर आता है। उसे कहीं बाहर जाकर या किन्हीं सिद्धान्तों की आड़ लेकर ढूँढ़ना अथवा व्याख्यायित करना गलत इतिहास में एक पन्ना और जोड़ने के समान होगा। क्या इतिहास की उस गलाजत को आज का नया कवि भी उसी तरह भुगत रहा। 'निराला' के उस 'बन्दीगृह' वरण करने की प्रतिध्वनि और उसकी सत्यता आज का कवि भी प्रमाणित करता है। यह 'सामान्य की प्रतिष्ठा' ही नहीं, 'निराला' द्वारा उद्घाटित उस काव्य सत्य की भी प्रतिष्ठा है:

...घृणा में डूबा हुआ
सारा-का-सारा देश
पहले की तरह, आज भी
मेरा कारागार है'

—*'धूमिल'*

वैसे 'कुकुरमुत्ता' की बाह्य-संरचना से इस बात का भ्रम उत्पन्न हो सकता है कि वह तथाकथित 'प्रगतिशील' सिद्धान्तों से प्रभावित होकर रचा गया काव्य है। लेकिन सिर्फ बाह्य-संरचना से ही। क्योंकि उसे गुलाब के प्रतिपक्ष में रखकर देखा गया है। दूसरी ओर नव्वाब की लड़की और मालिन की लड़की—'बहार' और 'गोली' को एक-दूसरे के आमने-सामने रखा गया है। बाह्य-संरचना की यह परिकल्पना सीधे पूँजीपति बनाम सर्वहारा के उस वर्ग-सिद्धान्त की याद दिलाती है, जो सारे प्रगतिशील काव्य-सिद्धान्त का आधार है। लेकिन इतने से ही 'कुकुरमुत्ता' को इन बने-बनाये साँचों में ढालकर उसके अध्ययन से मुक्त हो जाना एक बहुत बड़ी गैरईमानदारी है। क्योंकि इस तरह का प्रतिपक्ष तो 'निराला' अपनी पहले की कविताओं में भी रखते रहे हैं—

...करती बार-बार प्रहार
सामने तरुमालिका, अट्टालिका प्राकार...''

—*'तोड़ती पत्थर*

यहाँ पत्थरों पर हथौड़े की चोट के तुरन्त बाद दूसरी पंक्ति में 'सामने की तरुमालिका' (पेड़ या झाड़-झंखाड़ नहीं), 'अट्टालिका और प्राकार' की ओर पाठक का ध्यान आकर्षित किया गया है। अत: सिर्फ बाह्य-संरचना या दो विरोधी संस्कारों और स्थितियों की वस्तुओं या आदमियों को आमने-सामने रख

देने से ही 'कुकुरमुत्ता' के ऊपर मार्क्सवादी काव्य की नाम-पट्टी चिपका देना अनुचित होगा। निश्चय ही स्थितियों का यह तुलनात्मक अध्ययन कवि की 'सामान्य की उसी प्रतिष्ठा' या 'उपेक्षित' के उसी उन्नयन' को रूप और आकार देने की सुविधा के लिए किया गया है। ध्यान देने योग्य है, कि कविता के पहले खण्ड में 'कुकुरमुत्ते' के जवाब हैं 'गुलाब' कुछ भी नहीं कहता। यह अत्यन्त स्वाभाविक है—यह ठण्डा, व्यवहार, यह व्यक्तित्व और आभिजात्य का दुर्गम अहं और यह अनुत्तेजना। उसकी जगह 'कुकुरमुत्ते' की ठेठ, देसी अकड़, और बड़ी बोली देखने लायक है—साथ ही यह उसकी निश्छलता, अकृत्रिमता और आत्मविश्वास का प्रतीक है। एक टूटती हुई भारतीय पतनशील व्यवस्था के दिग्दर्शन के साथ ही, जो वास्तव में कृत्रिम और आरोपित है, क्योंकि भारतीय समाज-व्यवस्था कभी भी आभिजात्य-प्रेरित न होकर सामान्य प्रेरित रही है—'निराला' सामान्य के महत्त्व, उसके यथार्थ और उसकी उपयोगिता को प्रतिष्ठापित करना चाहते हैं। मेरा कुछ कहना यह है कि सामान्य की इस प्रतिष्ठा में सिद्धान्त उतना नहीं, जितनी व्यक्ति निराला की सांस्कारिक निष्ठा है। केवल कुछ पंक्तियों, जैसे—

खून चूसा खाद का तूने अशिष्ट
डाल पर इतरा रहा कैपीटलिस्ट...

के आधार पर सिद्धान्तरोपण खतरनाक है। यहाँ पर 'कैपीटलिस्ट' के प्रयोग में शब्द-व्यवहार पर मजाक की ध्वनि अधिक है, गुस्से या विनाश या घृणा की ध्वनि कम। इसी तरह खून चूसनेवाले को भी मात्र 'अशिष्ट' सम्बोधन दिया गया है। 'कुकुरमुत्ते' की तरफ से इतना शालीन सम्बोधन ही इस पंक्ति के सिद्धान्तीकरण का जैसे विरोध करता है। सिद्धान्त के अनुसार और व्यवहारत: मनोवैज्ञानिक रूप में भी अपना खून पीनेवाले को मात्र 'अशिष्ट' कहकर 'डाल पर इतराने' के लिए कोई छोड़ नहीं देगा। यहाँ पर फिर 'कुकुरमुत्ते' के मुँह से वही भारतीय 'पैसिव',

समाज-व्यवस्था के अन्दर सदियों से पला-पुसा वह व्यक्ति है, जो अपनी 'पैसिविटी' में अपने ऊपर किये गये सारे अत्याचार और सारी क्रूरता को पानी की एक लहर की तरह अपने ऊपर से गुजर जाने देता है और फिर स्वयं घुलकर निखर आता है और पीढ़ियों-दर-पीढ़ियों चला जाता है। भारतीय समाज-व्यवस्था का निर्माण सामान्य या साधारण की अन्तर्मुखता और संकोच से हुआ है। यह साधारण अपने कभी-कभी के ठेठ, खुरदरे बड़बोलेपन के बावजूद निश्चित रूप से प्रतिशोधहीन, उपयोगी, 'पैसिव' और संकोचशील है। इसीलिए भारतीय समाज व्यवस्था क्रांतिदर्शी नहीं है। क्रान्ति यहाँ के आदमी को घुट्टी में नहीं है। यहाँ का आदमी बहुत ही ठस, व्यवस्था-कामी और अन्तर्मुख है। ये गुण (अथवा अवगुण?) एक अनपढ़े और निरे देहाती गबदू, गँवार किस्म के आदमी के व्यवहार से लेकर, बड़े-बड़े विद्वानों, राजनीतिज्ञों और बुद्धिजीवियों तक में समान रूप से लक्ष्य किये जा सकते हैं। सिर्फ व्यवहार में प्रकट करने का तरीका अलग-अलग हो सकता है। इस तरह 'कुकुरमुत्ता' में जो वर्ग-समाज का ऊपरी और भ्रम में डालने वाला आधार मिलता है, उसकी तह में जाकर देखें तो 'कुकुरमुत्ता' की बुनावट और संरचना का आधार घृणा नहीं है, सिर्फ एक 'पैसिव' व्यंग्य है। 'कुकुरमुत्ता' की सारी बड़बोली में कहीं भी क्रान्ति की गन्ध नहीं है। बल्कि अपनी परम्परागत महत्ता, मूल्यवत्ता और निरन्तरता सिद्ध करने में है। नाम बदरूप हो जाने के बावजूद अपनी उपयोगिता और सच्चाई का ज्ञान उसे है। 'कुकुरमुत्ता' के दूसरे खण्ड में भी 'गोली' को आमने-सामने रखकर देखने में किसी भी घृणा का प्रतिपादन नहीं है। बल्कि एक स्नेह-भरा अपनाव है और उसके माध्यम से 'कुकुरमुत्ते' की उपयोगिता का प्रतिपादन भी है। पूरी कविता के व्यंग्य में कहीं भी घृणा की आवेश जर्जरता नहीं है, बल्कि अपनी सार्थकता के प्रति घोर आत्म-विश्वास

का प्रकाशन है। और अन्त में—कविता के अन्त में—भारतीय जनसमाज के बारे में उस सांस्कारिक, परम्परागत सच्चाई का प्रतिपादन भी है। नव्वाब द्वारा 'कुकुरमुत्ते' की माँग किये जाने पर भी माली का यह कहना कि 'कुकुरमुत्ता उगाये नहीं उगता' उस सच्चाई को प्रमाणित करता है। साधारण या सामान्य को पैदा नहीं किया जा सकता। वह अपने अस्तित्व की सार्थकता और ऊपरी नगण्यता में भी स्वतन्त्र है, स्वयंभू है। इस तरह निराला 'कुकुरमुत्ता' में (या अपने सारे काव्य में कहीं भी) एक क्रान्तिदर्शी या 'तथाकथित' प्रगतिशील कवि नहीं हैं एक सत्यदृष्टा कवि हैं।

यह सत्यदृष्टा होना ही 'कुकुरमुत्ता' में एक निरा प्रचारवादी अथवा आरोपित सिद्धान्तों का पुनर्निरूपण करनेवाले अर्थात् कविता की जगह कविता का मिथ्याभास पैदा करनेवाले कवि के रूप में उपस्थित होने से निराला को बचाता है। यहीं से 'निराला' एक सार्थक और सजग और यथार्थ अनुभूति-सम्पन्न स्वतन्त्रचेता कवि के रूप में हमारे सामने प्रकट होते हैं। अपनी इस सार्थक, सजग एवं यथार्थ की अनुभव-सम्पन्नता में से 'कुकुरमुत्ता' की रचना करके 'निराला' हमारे सामने कौन-सा तथ्य कविता के रूप में रखना चाहते हैं? यह प्रश्न निश्चय ही मेरे विचार-प्रतिपादन के दौरान सजग पाठक अनुभव करेगा। इसका उत्तर भी वही 'पैसिव' अन्तर्मुख एवं ठस समाज-व्यवस्था है और उसका निर्माणकर्त्ता, उसकी सिद्धि और उसका साध्य—वह साधारण भारतीय मनुष्य है। निराला उसी का प्रतिपादन करना चाहते हैं, उसी को सिद्ध करना चाहते हैं और उसी की मूल्यवत्ता को खोजना चाहते हैं। इस तरह 'कुकुरमुत्ता' का प्रतिपाद्य भी वही उपेक्षित किन्तु एकमात्र मूल्यवान भारतीय जनसाधारण है। वह बदरूप हो सकता है, परन्तु वह गन्दे में बुत्ता देता हुआ एक सिंहासन-छत्र की तरह अपनी आन्तरिक निर्मलता (श्वेतता) से सम्पन्न और निश्चिन्त है।

(5)

'सामान्य की प्रतिष्ठा', को स्थापित करने के लिए 'निराला' कुकुरमुत्ता' में आकर सारी काव्य-प्रणाली, शिल्प-संगठन और भाषिक संरचना की नये सिरे से छानबीन करते हैं। यह छानबीन और खोज और नया संगठन लगभग पुराने के सम्पूर्ण अस्वीकार या उसके परित्याग से उपजा है। 'निराला' ने यह समझ लिया है कि 'सामान्य की इस प्रतिष्ठा' में अभिजात भाषा, शिल्प-सौन्दर्य, अन्तः-गठन और गहन गीतात्मकता काम नहीं देता। इसलिए कविता के लगभग सभी अभिजात अवशेषों से यहाँ छुटकारा पाने की अद्‌भुत कोशिश है। लम्बी कविताएँ 'निराला' ने और भी लिखी है—'राम की शक्तिपूजा', 'यमुना के प्रति', 'छत्रपति शिवाजी का पत्र' और 'तुलसीदास'। लेकिन कहीं भी; इनमें से किसी भी कविता में 'निराला' ने अपनी स्व-अर्जित शब्द-शक्ति और निजी भाषिक-संरचना को आमूल बदलने के बारे में नहीं सोचा। बल्कि उल्टे उन्होंने शब्द के अभिजात संस्कार को अपने गहन अध्ययन और अपनी अनुभूत-क़ल्पना-शक्ति से और अधिक समृद्ध किया है। 'राम की शक्ति पूजा' शब्द-वैभव, चित्रात्मक सर्जना और अर्द्ध-ऐतिहासिक मिथ की राम के सन्दर्भ में नियोजित किया गया एक अद्‌भुत सम्पन्न काव्य है। 'यमुना के प्रति' का शब्द-बन्धन और कल्पना-विलास छायावादी है। छत्रपति शिवाजी का पत्र' छन्द तोड़ने के बावजूद अपने संस्कारों और समादरता में तथा शब्द संयोजन के लिहाज से सम्पूर्णतः एक सांस्कारिक और अभिजात और गौरव-गाथा की कविता है; और बहुत अर्थों में 'तुलसीदास' भी। लेकिन 'कुकुरमुत्ता' अपने सम्पूर्ण बन्ध में इन सबसे पृथक् है। 'कुकुरमुत्ता' के गठन और उसकी वर्णनात्मकता में किसी कथा का आग्रह नहीं है। आरम्भ के कुछ छन्दों के बाद पहले खण्ड में भी कहानी नामक कोई चीज अभिप्रेत नहीं है। यही हाल दूसरे खण्ड का भी है।

बल्कि यों कहें कि कथा यहाँ अभिप्रेत नहीं है। दोनों खण्डों के दो प्रतीक एक ही अर्थ को सिद्ध करने के लिए लाये गये हैं। पहले खण्ड में संवाद का नाम भर है। पूरी शैली एकालाप की शैली है। वहाँ विरोध या उत्तर या तर्क की काट नहीं है। 'कुकुरमुत्ता' स्वच्छंद है, किसी भी सीमा तक जाने को। वह कविता, संस्कृति, समाज, इतिहास, भूगोल—सब-कुछ अपने में समेटता चलता है। वह अतीत, वर्तमान और यहाँ तक कि भविष्य की मूल्यवत्ता में भी अपने को निहित मानता है। दूसरे खण्ड में अपेक्षाकृत वर्णनात्मकता अधिक है। इस प्रकार सम्पूर्ण कविता कुकुरमुत्ते को केन्द्र में रखकर लिखी गयी है। शेष सारे पात्र और सारी स्थितियाँ उसके 'प्रभामण्डल' के इर्द-गिर्द घूमती है और उसके अस्तित्व की सार्थकता को 'सिद्ध' करती हैं। यहाँ तक कि नवाब भी, या गुलाब का फूल भी या 'बहार' अथवा 'गोली', या 'चढ़ी-आँख कानी' भी।

यह निश्चित है कि सारी कविता की परिकल्पना व्यंग्य के धरातल पर हुई है। और कई दृष्टियों से 'कुकुरमुत्ता' एक सफलतम व्यंग्य काव्य है। किन्तु मात्र इतना ही नहीं है। व्यंग्य के साथ ही विनोद और हास्य का भी अच्छा-खासा पुट जगह-जगह मिलता है। और व्यंग्य भी कहीं एक जगह या एक स्थिति, घटना या कारण की ओर संधानित नहीं है, जैसा कि 'निराला' के कई अधकचरे आलोचकों ने कहा है। इस व्यंग्य का निशान सिर्फ गुलाब ही नहीं है, न ही सिर्फ नव्वाब या उनकी लड़की 'बहार'। आभिजात्य पर 'कुकुरमुत्ता' का व्यंग्य सिर्फ उसके विराट् व्यंग्य का एक अंश मात्र है। यह सच है कि 'टारगेट' यह आभिजात्य ही है। लेकिन अपनी सार्थकता-सिद्धि के दौरान 'कुकुरमुत्ता' किसी को भी नहीं छोड़ता। और जिनको भी यह नहीं छोड़ता, उन पर किया गया व्यंग्य कम महत्त्वपूर्ण नहीं है। 'कुकुरमुत्ते' के छत्र और डण्ठल के आकार को लेकर 'निराला' ने उपमाओं की जो अप्रत्यक्ष झड़ी लगा दी है, उसमें जगह-जगह

से सर्वथा अप्रत्याशित व्यंग्य उभरता है। यह कविता के अन्तिम उद्‌देश्य (अभिजात पर व्यंग्य और साधारण की सार्थकता) से पृथक् पंक्तियों के बीच से कई-कई स्वतन्त्र व्यंग्यों की सृष्टि करता है—

...चीन में मेरी नकल छाता बना

छत्र भारत का वही कैसा तना!

...सब जगह तू देख ले

आज का फिर रूप पैराशूट ले...

...उलट दे मैं ही जसोदा की मथानी

और भी लम्बी कहानी-

सामने ला मुझे कर बैंड़ा

देख कैंड़ा-

तीर से खींचा धनुष मैं राम का

काम का;

पड़ा कन्धे पर हूँ हल बलराम का।...

...मैं ही डाँड़ी से लगा पल्ला

सारी दुनिया तोलती गल्ला...।

सरसता में फ्राड

कैपीटल में जैसे लेनिनग्राड

सच समझ जैसे रकीब

लेखकों में लण्ठ जैसे खुशनसीब...'

इनमें से हर बन्द (दो पंक्तियाँ) अपने आप में एक स्वतन्त्र व्यंग्य की सृष्टि करता है। और उस व्यंग्य का सीधा संक्रमण कविता के मूल व्यंग्य में सहसा नहीं होता दीखता। 'डाँडी से लगा पल्ला' होना उस व्यंग्य को सहारा देता है जो

'सारी दुनिया तोलती गल्ला' से प्रस्फुटित होता है। 'सरसता' में फ्राड कहकर लेख अगली पंक्ति का भयंकर व्यंग्य सार्थक करना चाहता है। ऐसा ही व्यंग्य की मार 'लेखकों में लण्ठ के खुशनसीब' होने में भी है। यह पंक्ति-पंक्ति के बीच से झाँकता हुआ अलग और स्वतन्त्र व्यंग्य कविता को पूर्ण परिकल्पना में अलग से भी महत्त्वपूर्ण है। कहीं शब्दों के ताने-पलटे से, कहीं पंक्तियों को तोड़कर, कहीं वाद्यों या नृत्यों-भेदों की सूची इकट्ठी कर, कहीं 'सूदखोर के ब्याज डूचने' को लेकर, कहीं सिर्फ तुर्कों की ठेठ भिड़न्त से, कहीं नव्वाब के बाग के वर्णन से, कहीं अंग्रेजी या उर्दू-फारसी के शब्दों को डालकर और कहीं लम्बी-चौड़ी हाँकते हुए कुछ-कुछ अशिष्टता की 'सीमा को छूकर—वह व्यंग्य उत्पन्न किया गया है।...हास्य और विनोद उत्पन्न करने के लिए 'निराला' ने यह एक सर्वथा मौलिक और लगभग चौंका देने वाली पद्धति अपनायी है। कुकुरमुत्ते की डींग में चलते-चलते 'निराला' कहीं एक पूरा बन्द या एक शब्द या एक ऐसी चीज़ रख देते हैं, जो एक तरह की निरर्थकता का आभास देती है और साथ ही विचित्र रूप से हास्योत्पादक साबित होती है। कभी-कभी ऐसी सिर्फ शब्दों की खड़खड़ाती अकाव्यात्मक ध्वनि उत्पन्न करके भी किया गया है, कभी एक निरर्थक-सी चमत्कारिक उपमा देकर, कभी 'टेरियर', और 'चढ़ी आँख कानी' के पीछे-पीछे चलने का चित्र खड़ा करके :—

मुझसे मूँछे, मुझसे कल्ला।
मेरे लल्लू, मेरे लल्ला

कास्मोपालिटन मेट्रोपालिटन
जैसे फ्रायड और लीटन

काम मुझसे ही सधा है
शेर भी मुझसे गधा है

कारनेट, क्लेरीअनेट, ड्रम, फ्लूट, गीटर
बजानेवाले हसन खाँ, बुद्धू, पीटर
मैं सभी को फाँसानेवाला हूँ ट्रेप
टर्की टोपी, दुपलिया या किश्ती कैप।
सिटपिटायी अड़गड़ें में देखकर ज्यों मर्द को।

ये सारी पंक्तियाँ (हर दो पंक्ति और अन्तिम एक पंक्ति) अलग-अलग स्थलों से ली गयी हैं। कहीं 'कल्ला और लल्ला' के तुक से, कहीं अंग्रेजी शब्दों और फ्रायड तथा लीटन के सन्दर्भ से, कही शेर को गधा बनाने की डींग से, कही संगीत-वादक, 'बुद्धू' की नाम-ध्वनि से, कहीं ट्रेप और किश्ती कैप की चित्र-सर्जना से और कहीं देहाती गँवार औरतों की हाजत के वक्त एकाएक मर्द के दिख जाने से सिटपिटा जाने से—यह उन्मुक्त हास्य उत्पन्न किया गया है।

(6)

'कुकुरमुत्ता' की भाषिक संरचना भी सर्वथा नये प्रकार की है। यहाँ लगभग सारी छायावादी शब्दावली का निषेध है। संस्कृत की तत्सम शब्दावली, उसके माधुर्य, ओज और सौन्दर्य की जगह ठेठ, बीहड़ और पुराने मानदण्ड के अनुसार 'देशज', 'वर्जित' और 'अकाव्यात्मक' शब्दों में पूरी कविता लिखी गयी है। यह एक चुनौती है और इसका निर्वाह 'निराला' ने सफलतापूर्वक किया है। यह चुनौती या शब्द-संसार से यह संघर्ष और यह

विजय अप्रतिम है। क्योंकि वह संघर्ष दूसरों की अपेक्षा अपने ही द्वारा अर्जित, आविष्कृत और सफलतम रूप में प्रयुक्त शब्द-बन्ध के विरुद्ध है। शब्द की गेयता, उसका ध्वनि-सौन्दर्य, उसकी अर्थगर्भिता और लयात्मकता की जगह ठेठ, सपाट और सर्वथा अनुपयुक्त से शब्दों का अनुपम काव्यात्मक प्रयोग यहाँ देखने को मिलता है। इस रूप में 'कुकुरमुत्ता' अपनी भाषिक-संरचना के लिहाज से सर्वथा एक नयी भाषा और नये शब्द-कोष का निर्माण करता है। हिन्दी-कविता में अपने इस सफलतम आरम्भ के कारण 'निराला' हमारे सामने निश्चय ही एक विद्रोही और आधुनिक कवि के रूप में सामने आते हैं। भाषा को यहाँ जनता की बोली के निकटतम रखने की सफल कोशिश झलकती है। शब्द अपने ठेठ प्रयोग में कितना अर्थवान् होता है, इसके दर्शन यहाँ हर पंक्ति में होते हैं। कुछ शब्दों की सूची मात्र हमारे इस कथन को सिद्ध कर देगी: बाड़ी, चमन, खुशनुमा, बुलबुल, टहनियाँ, राहें, सरो, आरामगाह, बड़प्पन, मौसम, रोबोदाब, बुत्ता, खुशबू, खाद, कैपीटलिस्ट, गुलाम, जाड़ा-घाम, औरत, जानिब, तबेले, टट्टू, हस्ती, पोच, हरामी, मथानी, बेंड़ा, कैंड़ा, कलयुगी, तला, पोल, रफा, फलस्वरूप, कैलसी, कास्मोपालिटन, मेट्रोपालिटन, लण्ठ, खुशनसीब, डबल, डुचता, क्लाइमेक्स, आठोगाँव, चेला, जेवर, टार्च, पिद्दी, किश्ती केप, झोंपड़ी, अधमड़े, मोरियो, लन्तरानी, खादिम, सिटपिटाई, अड़गड़े, लजीज, चढ़ी आँख, दुम्बा, टेरियर, डिक्टेटर, पोयेट; चपाती, कलिया, कबाब, चूल्हा, अर्ज, मंजूर...आदि। यहाँ ध्यान देने योग्य, शब्दों की ध्वनि और उनका रूप और उनकी विविधता है। तत्सम क्या लगभग तद्भव शब्द भी नहीं के बराबर है। उनकी जगाह उर्दू शब्दों ने और तथाकथित गँवार (किन्तु रस और अभिव्यक्ति और अर्थगर्भिता से पूर्ण) शब्दों ने ले ली है। इसी तरह छन्द और लय को भी गद्यात्मकता मुहावरे में ढालने की कोशिश हर जगह लक्ष्य की जा सकती है। इस तरह भाषा की जिस सर्जनात्मक किन्तु

उपेक्षित क्षमता का प्रयोग 'निराला' ने 'कुकुरमुत्ता' में किया है, वह सर्वथा आधुनिक और अनुपमेय है। उसकी चित्रण-क्षमता और काव्यात्मक नवीन अर्थवत्ता निराली है।...

जगह गन्दी, रुका सड़ता हुआ पानी
मोरियों में, जिन्दगी की लन्तरानी
बिलबिलाते कीड़े, बिखरी हड्डियाँ
सेल्हरों की, परों की थीं गड्डियाँ
कहीं मुर्गी कहीं अण्डे
धूप खाते कहीं कण्डे
...रहते थे नव्वाब के खादिम
अफ्रिका के आदमी आदिम...''

(7)

दरअसल 'कुकुरमुत्ता' विषय-वस्तु, शिल्प-संघटन, भाषिक संरचना, व्यंग्य और हास्य इन सभी दृष्टियों से एक सर्वथा विद्रोही, आधुनिक और महत्त्वपूर्ण कृति तो है ही, लेकिन उसका उससे भी बड़ा महत्त्व एक और कारण से है। अपने इस अध्ययन से मैं इस परिणाम पर पहुँचा हूँ कि 'कुकुरमुत्ता' हर क्षेत्र में 'काव्य-आभिजात्य' से मुक्ति का एक संदेश देता है। यही इस कविता की उपलब्धि है और यही इस कविता में 'निराला' का अभिप्रेत भी है। यह 'मुक्ति 'कुकुरमुत्ता' के हर पहलू में है। उसके विषयगत चुनाव, उसके भाषिक संरचना में, उसके शब्द-प्रयोग में, उसके व्यंग्य-विनोद और हलके-फुलकेपन में और

उसमें प्रतिष्ठापित साधारण की सार्थकता में। 'काव्य-आभिजात्य' की इसी मुक्ति के सन्देश को लेकर 'निराला' एक महान् और विद्रोही, क्षमतावान आधुनिक कवि की भूमिका में हमारे सामने आते हैं।

कुकुरमुत्ता का यह अध्ययन 'निराला' की रचनाओं को उनके विराट काव्य-व्यक्तित्व के संदर्भ में देखने के सदाग्रह के यहाँ दिया जा रहा है। इसकी दूसरी प्रेरणा 'निराला' की रचनाओं के प्रति मेरी व्यक्तिगत निष्ठा है। मैंने इसे अपना कर्त्तव्य समझकर किया है और मुझे विश्वास है कि सजग पाठक, काव्य-मर्मज्ञ और ईमानदार नये आलोचक मेरी अध्ययन दृष्टि पर सोचने के लिए अपने को एक बार अवश्य उत्प्रेरित महसूस करेंगे।

पुनश्च—लोकभारती द्वारा प्रकाशित 'कुकुरमुत्ता' के इस दूसरे संस्करण में मैं 'निराला' द्वारा किये 'कुकुरमुत्ते' के प्रथम तथा द्वितीय संस्करणों में परिवर्तनों की सूची अन्त में दे रहा हूँ।

–दूधनाथ सिंह

जियाफत[1]

इसमें वही शरीक होंगे, जिन्हें न्योता नहीं भेजा गया, साथ ही जो कंगाल नहीं, न ऐसे बड़े आदमी, जो अपनी जगह गड़े रह गये। मतलब साफ है। हम दोनों मतलब के। न हम पैरों पड़ें न वह। मेहनत की कमयी हम भी खायें और वह भी।

–'निराला'

जियाफत[1]

इसमें वही शरीक होंगे, जिन्हें न्योता नहीं भेजा गया, साथ ही जो कंगाल नहीं, न ऐसे बड़े आदमी, जो अपनी जगह गड़े रह गये। मतलब साफ है। हम दोनों मतलब के। न हम पैरों पड़ें न वह। मिहनत की कमाई हम भी खाँय और वह भी।

4-6-62 —'निराला'

---

1. **प्रथम संस्करण की भूमिका।**

कुकुरमुत्ता

[1]

एक थे नव्वाब,
फारस से मँगाये थे गुलाब।
बड़ी बाड़ी में लगाये
देशी पौधे भी उगाये
रखे माली कई नौकर
गजनवी का बाग मनहर
लग रहा था।
एक सपना जग रहा था।
साँस पर तहजीब की,
गोद पर तरतीव की।

क्यारियाँ सुन्दर बनी।
चमन में फैली घनी
फूलों के पौधे वहाँ।
लग रहे थे खुशनुमा।
बेला, गुलशब्बो, चमेली, कामिनी,
जुही,नरगिस, रातरानी, कमलिनी,
चम्पा,गुलमेंहदी, गुलखैरू, गुलअब्बास
गदा, गुलदाऊदी, निवाड़ी, गन्धराज,
और कितने फूल,फव्वारे कई
रंग अनेकों—सुर्ख, घानी, चम्पई
आसमानी, सब्ज, फीरोज, सफेद
जर्द, बादामी, बसन्ती, सभी भेद।
फल के भी पेड़ थे।
आम, लीची, सन्तरे और फालसे।
चटकती कलियाँ, निकलती मृदुल गन्ध,
गले लगकर हवा चलती मन्द-मन्द,
चहकते बुलबुल, मचलती टहनियाँ,
बाग चिड़ियों का बना था आशियाँ।
साफ राहें, सरो दोनों ओर
दूर तक फैले हुए कुल छोर,
बीच में आरामगाह
दे रही थी बड़प्पन की थाह।

कहीं झरने, कहीं छोटी-सी पहाड़ी,
कहीं सुथरा चमन, नकली कहीं झाड़ी।

आया मौसिम खिला फारस का गुलाब,
बाग पर उसका पड़ा था रोबोदाब;
वहीं गन्दे में उगा देता हुआ बुत्ता
पहाड़ी से उठे-सर फेंककर बोला कुकुरमुत्ता—
"अबे, सुन बे, गुलाब,
भूल मत जो पाई खुशबू, रंगोआब,
खून चूसा खाद का तूने अशिष्ट,
डाल पर इतराता है केपीटलिस्ट!
कितनों को तू ने बनाया है गुलाम,
माली कर रक्खा, सहाया जाड़ा-घाम,
हाथ जिसके तू लगा,
पैर सर रखकर व पीछे को भगा
औरत की जानिब मैदान यह छोड़कर,

तबेले को टट्टू जैसे तोड़ कर,
शाहों, राजों, अमीरों का रहा प्यारा
तभी साधारणों से तू रहा न्यारा।
वरना क्या तेरी हस्ती है, पोच तू
काँटों ही से भरा है यह सोच तू
कली जो चटकी अभी
सूखकर काँटा हुई होती कभी।
रोज पड़ता रहा पानी,
तू हरामी खानदानी।
चाहिए तुझको सदा मेरुन्निसा
जो निकाले इत्र, रू, ऐसी दिशा
बहाकर ले चले लोगों को, नहीं कोई किनारा
जहाँ अपना नहीं कोई भी सहारा
ख्वाब में डूबा चमकता हो सितारा।
पेट में डँड़ पेले हों चूहे, जबाँ पर लफ्ज प्यारा।

देख मुझको, मैं बढ़ा
डेढ़ बालिश्त और ऊँचे पर चढ़ा

और अपने से उगा मैं
बिना दाने का चुगा मैं
कलम मेरा नहीं लगता
मेरा जीवन आप जगता
तू है नकली, मैं हूँ मौलिक
तू है बकरा, मैं हूँ कौलिक
तू रँगा और मैं धुला
पानी मैं, तू बुल्बुला
तू ने दुनिया को बिगाड़ा
मैंने गिरते से उभाड़ा
तू ने रोटी छीन ली जनखा बनाकर
एक की दीं तीन मैंने गुन सुनाकर।

काम मुझ ही से सधा है
शेर भी मुझसे गधा है।

चीन में मेरी नकल, छाता बना
छत्र भारत का वही, कैसा तना
सब जगह तू देख ले
आज का फिर रूप पैराशूट ले।
विष्णु का मैं ही सुदर्शन चक्र हूँ।
काम दुनिया में पड़ा ज्यों, वक्र हूँ।
उलट दे, मैं ही जसोदा की मथानी
और भी लम्बी कहानी—
सामने ला, कर मुझे बेंड़ा
देख कैंड़ा
तीर से खींचा धनुष मैं राम का।
काम का—
पड़ा कन्धे पर हूँ हल बलराम का।
सुबह का सूरज हूँ मैं ही
चाँद मैं ही शाम का।
कलजुगी मैं ढाल
नाव का मैं तला नीचे और ऊपर पाल।
मैं ही डाँड़ी से लगा पल्ला
सारी दुनिया तोलती गल्ला
मुझसे मूछें, मुझसे कल्ला
मेरे लल्लू, मेरे लल्ला
कहे रुपया या अधन्ना
हो बनारस या न्यवन्ना।
रूप मेरा, मैं चमकता

गोला मेरा ही बमकता।

लगाता हूँ पार मैं ही

डुबाता मझधार मैं ही।

डब्बे का मैं ही नमूना।

पान मैं ही, मैं ही चूना।

मैं कुकुरमुत्ता हूँ,

पर बेञ्जाइन (Bengoin) वैसे

बने दर्शनशास्त्र जैसे।

ओम्फलस (Omphalos) और ब्रह्मावर्त

वैसे ही दुनिया के गोले और पर्त

जैसे सिकुड़न और साड़ी,

ज्यों सफाई और माड़ी।

कास्मोपालीटन् और मेट्रोपालीटन्

जैसे फ्रायड् और लीटन्।

फेलसी और फलसफा

जरूरत और हो रफा।

सरसता में फ्राड्

केपीटल् में जैसे लेनिनग्राड।

सच समझ जैसे रकीब

लेखकों में लण्ठ जैसे खुशनसीब।

मैं डबल जब, बना डमरू
इकबगल, तब बना वीणा।
मन्द्र होकर कभी निकला
कभी बनकर ध्वनि क्षीण।
मैं पुरुष और मैं ही अबला।
मैं मृदंग और मैं ही तबला।
चुन्ने खाँ के हाथ का मैं ही सितार
दिगम्बर का तानपूरा, हसीना का सुरबहार।
मैं ही लायर, लीरिक मुझसे ही बने
संस्कृत, फारसी, अरबी, ग्रीक, लैटिन के जने
मंत्र, गजलें, गीत मुझसे ही हुए शैदा
जीते हैं, फिर मरते हैं, फिर होते हैं पैदा।
वायलिन् मुझसे बजा।
बेन्जो मुझसे सजा।
घण्टा, घण्टी, ढोल, डफ, घड़ियाल,
शंख, तुरही, मजीरे, करताल,
कारनेट्, क्लीरीअनेट्, ड्रम, फ्लूट, गीटर,
बजाने वाले हसन खाँ, बुद्धू, पीटर,
मानते हैं सब मुझे ये बाँये से,
जानते हैं दाँये से।

ताताधिन्ना चलती है जितनी तरह
देख, सब में लगी है मेरी गिरह।
नाच में यहमेरा ही जीवन खुला
पैरों से मैं ही तुला।
कत्थक हो या कथकली या बालडान्स
क्लियोपेट्रा, कमल-भौंरा, कोई रोमान्स
बहेलिया हो, मोर हो, मणिपुरी, गरबा
पैर, माझा, हाथ, गरदन, भौंहें, मटका
नाच अफ्रीकन हो या यूरोपियन,
सब में मेरी ही गढ़न।
किसी भी तरह का हाव भाव,
मेरा ही रहता है, सबमें ताव।
मैंने बदले पैंतरे,
जहाँ भी शासक लड़े।
पर हैं प्रोलेटेरियन झगड़े जहाँ,
मियां-बीबी के, क्या कहना है वहाँ।
नाचता है सूदखोर जहाँ कहीं ब्याज डुबता
नाच मेरा क्लाइमेक्स को पहुँचता।

नहीं मेरे हाड़; काँटे, काठ या,
नहीं मेरा बदन आठोगाँठ का।

रस-ही-रस मैं हो रहा

सफेदी को जहन्नम रो कर रहा।

दुनिया में सबने मुझी से रस चुराया,

रस में मैं डूबा-उतराया।

मुझी में गोते लगाये वाल्मीकि-व्यास ने

मुझी से पोथे निकाले भास-कालिदास ने।

टुकुर-टुकुर देखा किये मेरे ही किनारे खड़े।

हाफिज-रवीन्द्र जैसे विश्वकवि बड़े-बड़े।

कहीं का रोड़ा, कहीं का पत्थर

टी०एस०एलीयट ने जैसे दे मारा

पढ़ने वालों ने भी जिगर पर रखकर

हाथ, कहा 'लिख दिया जहाँ सारा'

ज्यादा देखने को आँख दबाकर

शाम को किसी ने जैसे देखा तारा।

जैसे प्रोगेसीव का कलम लेते हो

रोका नहीं रुकता जोश का पारा।

यही से यह कुल हुआ

जैसे अम्मा से बुआ।

मेरी सूरत के नमूने पीरामीड्

मेरा चेला था यूक्लीड्।
रामेश्वर, मीनाक्षी, भुवनेश्वर
जगन्नाथ, जितने मन्दिर सुन्दर
मैं ही सबका जनक
जेवर जैसे कनक।
हो कुतुबमीनार
ताज, आगरा या फोर्ट चुनार
विक्टोरिया मेमोरियल, कलकत्ता
मस्जिद, बगदाद, जुम्मा, अलबत्ता
सेन्ट पीटर्स गिरजा हो या घण्टाघर,
गुम्बदों में, गढ़न में मेरी मुहर।
एरियन, हो पर्शियन या गाथिक आर्च
पड़ती है मेरी ही टार्च।
पहले के हों, बीच के या आज के
चेहरे से पिद्दी के हों या बाज के।
चीन के फारस के या जापान के
अमेरिका के, रूस, के, इटली के, इँगलिस्तान के।
ईट के, पत्थर के हों या लकड़ी के
कहीं की भी मकड़ी के।
बुने जाने जैसे मकाँ कुल मेरे
छत्ते के हैं घेरे।

सर सभी का फाँसने वाला हूँ ट्रेप
टर्की टोपो, दुपलिया या किश्ती-केप।
और जितने, लगा जिनमें स्ट्रा या मेट
देख, मेरी नक्ल है, अँगरेजी हैट।
घूमता हूँ सर चढ़ा,
तू नहीं, मैं ही बड़ा।''

[2]

बाग के बाहर पड़े थे झोंपड़े
दूर से जो दिख रहे थे अधगड़े।
जगह गन्द, रुका, सड़ता हुआ पानी
मोरियों में; जिन्दगी की लन्तरानी—
बिलबिलाते कीड़े, बिखरी हड्डियाँ
सेलरों की, परों की थी गुड्डियाँ
कहीं मुर्गी, कहीं अण्डे,
धूप खाते हुए कण्डे।
हवा बदबू से मिली
हर तरह की बासीली पड़ गई।

रहते थे नव्वाब के खादिम
अफ्रीका के आदमी आदिम—
खानसामाँ, बावर्ची और चोबदार;
सिपाही, साईस, भिश्ती, घुड़सवार,
तामजानवाले कुछ देशी कहार,
नाई, धोबी, तेली, तम्बोली, कुम्हार,
फीलवान, ऊँटवान, गाड़ीवान
एक खासा हिन्दू-मुस्लिम खानदान।
एक ही रस्सी से किस्मत की बँधा
काटता था जिन्दगी गिरता-सधा
बच्चे, बुड्ढे, औरतें और नौजवान
रहते थे उस बस्ती में, कुछ बागवान
पेट के मारे वहाँ आ बसे
साथ उनके रहे, रोये और हँसे।

एक मालिन
बीबी मोना माली की थी बंगालिन;

लड़की उसकी, नाम गोली
वह नव्वाबजादी की थी हमजोली।
नाम था नव्वाबजादी का बहार।
नजरों में सारा जहाँ फर्माबरदार
सारंगी जैसी चढ़ी
पोएट्री में बोलती थी
प्रोज में बिल्कुल अड़ी।
गोली की माँग बंगालिन, बहुत शिष्ट
पोयट्री की स्पेशलिस्ट।
बातों जैसे मजती थी
सारंगी वह बजती थी।
सुनकर राग, सरगम, तान
खिलती थी बहार की जान।
गोली की माँ सोचती थी—
        गुरु मिला,
बिना पकड़े खींचे कान
देखा-देखी बोली में
माँ की अदा सीखी नन्हीं गोली ने।
इसलिए बहार वहाँ बारहामास
डटी रही गोली की माँ के
कभी गोली के पास।
सुब्हो-शाम दोनों वक्त जाती थी
खुशामद से तनतनाई आती थी
गोली डाँडी पर पासंग वाली कौड़ी

स्टीमबोट की डोंगी, फिरती दौड़ी।
पर कहेंगे—
'साथ-ही-साथ वहाँ दोनों रहती थीं
अपनी-अपनी कहती थीं।
दोनों के दिल मिले थे
तार खुले-खुले थे।
हाथ पकड़े घूमती थीं।
खिलखिलाती झूमती थीं।
इक पर इक करती थीं चोट
हँसकर होतीं लोटपोट।
सात का दोनों का सिन
खुशी से कटते थे दिन।'
महल में भी गोली जाया करती थी।
जैसे यहाँ बहार आया करती थी।

एक दिन हँसकर बहार यह बोला—
"चलो, बाग घूम आयें हम, गोली।"

दोनों चली, जैसे धूप और छाँह
गोली के गले पड़ी बहार की बाँह।
साथ टेरियर और एक नौकरानी।
सामने कुछ औरतें भरती थीं पानी
सिटपिटाई जैसे अड़गड़े में देखा मर्द को
बाबू ने देखा हो उठती गर्द को।
निकल जाने पर बहार के, बोली
पहली दूसरी से, "देखो, वह गोली
मोना बंगाली की लड़की।
भैंस भड़की,
ऐसी उसकी माँ की सूरत
मगर है नव्वाब की आँखों में मूरत।
रोज आती है महल को, जगे भाग
आँख का जब उतरा पानी, लगे आग,
रोज ढोयाँ आ रहा है माल-असबाब
बन रहे हैं गहने-जेवर
पकता है कलिया-कबाब।"
झटके से सिर-काँख पर फिर लिये घड़े
चली ठनकाती कड़े।

बाग में आई बहार
चम्पे की लम्बी कतार
देखती बढ़ती गई
फूल पर अड़ती गई।
मौलसिरी की छाँह में
        कुछ देर बैठी बेन्च पर
फिर निगाह डाली एक रेन्ज पर
देखा फिर कुछ उड़ रही थीं तितलियाँ
डालों पर, कितनी चहकती थीं चिड़ियाँ।
भौंरे गुंजते हुए मतवाले-से
उड़ गया इक मकड़ी के फँसकर बड़े-से जाले से।
फिर निगाह उठाई आसमान की ओर
देखती रही कि कितनी दूर तक छोर।
देख, उठ रही थी धूप—
पड़ती फुनगियों पर, चमचमाया रूप।
पेड़ जसे शाह इक-से-इक बड़े।
ताज पहने, हैं खड़े।
आया माली, हाथ गुलदस्ते लिये
गुलबहार को दिये।
गोली को इक गुलदस्ता।
सूँघकर हँसकर बहार ने दिया।
जरा बैठकर उठी, तिरछी गली

होती कुञ्ज को चली
देखी फरांसीसी लिली
और गुलबकावली।
फिर गुलाब-जामुन का बाग छोड़ा
तूतों के पेड़ों से बायें मुँह मोड़ा।
एक बगल की झाड़ी
बढ़ी जिधर थी बड़ी गुलाबबाड़ी।
देखा, खिल रहे थे बड़े-बड़े फूल
लहराया जी का सागर अकूल।
दुम हिलाता भागा टेरियर कुत्ता।
जैसी दौड़ी गोली चिल्लाती हुई 'कुकुरमुत्ता'

सकपकाई, बहार देखने लगी
जैसे कुकुरमुत्ते के प्रेम से भरी गोली दगी।

भूल गई, उसका था गुलाब पर जो कुछ भी प्यार
सिर्फ वह गोली को देखती रही निगाह की धार।
टूटी गोली जैसे बिल्ली देखकर अपना शिकार
तोड़कर कुकुरमुत्तों को होती थी उनके निसार
बहुत उगे थे तब तक
उसने कुल अपने आँचल में
    तोड़कर रखे अब तक।
घूमी प्यार से
मुसकराती देखकर बोली बहार से—
"देखों जी भरकर गुलाब
हम खायँगे कुकुरमुत्ते का कबाब।"
कुकुरमुत्तों की कहानी
सुनी उससे, जीभ में बहार की आया पानी।
पूछा "क्या इसका कबाब
        होगा ऐसा भी लजीज?
"जितनी भाजियाँ दुनिया में
        इसके सामने नाचीज"
गोली बोली—"जैसी खुशबू
        इसका वैसा ही स्वाद,
खाते खाते हर एक को
        आ जाती है बिहिश्त की याद
सच समझ लो, इसका कलिया
        तेल का भूना कबाब,
भाजियों में वैसा
        जैसा आदमियों में नव्वाब।"

"नहीं ऐसा कहते री मालिन की
छोकड़ी बंगालिन की !"
डाँटा नौकरानी ने—
चढ़ी-आँख कानी ने।
लेकिन यह, कुछ एक घूँट लार के
जा चुके थे पेट में तब तक बहार के।
"नहीं-नहीं, अगर इसको कुछ कहा"
पलटकर बहार ने उसे डाँटा—
"कुकुरमुत्ते का कबाब खाना है,
इसके साथ इसके यहाँ जाना है।"
"बता, गोली" पूछा उसने,
"कुकुरमुत्ते का कबाब
वैसी खुशबू देता है
जैसी कि देता है गुलाब!"
गोली ने बनाया मुँह
बायें घूमकर फिर एक छोटी सी निकाली "उँह!"
कहा, "बकरा हो या टुम्बा
मुर्ग या कोई परिन्दा
इसके सामने सब छूः
सबसे बढ़कर इसकी खुशबू।
भरता है गुलाब पानी
इसके आगे मरती है इन सबकी नानी।"
चाव से गोली चली
बहार उसके पीछे हो ली,

उसके पीछे टेरियर, फिर नौकरानी
पोंछती जो आँख कानी।

चल गोली आगे जैसे डिक्टेटर
बहार उसके पीछे जैसे भुक्खड़ फालोवर।
उसके पीछे दुम हिलाता टेरियर—
आधुनिक पोयेट (Poet)
पीछे बाँदी बचत की सोचती
केपीटलिस्ट क्वेट।
झोपड़ी में जल्द चलकर गोली आई
जोर से 'माँ' चिल्लाई।
माँ ने दरवाजा खोला,
आँखों से सबको तोला।
भीतर आ डलिये में रखे।
गोली ने वे कुकुरमुत्ते।
देखकर माँ खिल गई,

निधि जैसे मिल गई।
कहा गोली ने, "अम्मा,
कलिया-कवाब जल्द बना।
पकाना मसालेदार
अच्छा, खायेंगी बहार।
पतली-पतली चपातियाँ
उनके लिए सेंक लेना"
जला ज्यों ही उधर चूल्हा,
खेलने लगी दोनों दूल्हन-दूल्हा।
कोठरी में अलग चलकर
बाँदी की कानी को छलकर।
टेरियर था बराती
आज का गोली का साथी।
हो गई शादी कि फिर दूल्हन-बहार से
दूल्हा-गोली बातें करने लगी प्यार से।
इस तरक कुछ वक्त बीता, खाना तैयार
हो गया, खाने चलीं गोली और बहार।
कैसे कहें भाव जो माँ की आँखों से बरसे
थाली लगाई बड़े समादर से।
खाते ही बहार ने यह फरमाया,
ऐसा खाना आज तक नहीं खाया।
शौफ से लेकर सवाद
खाती रहीं दोनों
कुकुरमुत्ते का कलिया-कबाब।

बाँदी को भी थोड़ा-सा
गोली को माँ ने कबाब परोसा।
अच्छा लगा, थोड़ा-सा कलिया भी
बाद को ला दिया,
हाथ धुलाकर देकर पान उसको बिदा किया।
कुकुरमुत्ते की कहानी
सुनी जब बहार से
नव्वाब के मुँह आया पानी।
बाँदी से की पूछताछ,
उनको हो गया विश्वास।
माली को बुला भेजा,
कहा, "कुकुरमुत्ता चलकर ले आ तू ताजा-ताजा।"
माली ने कहा, "हुजूर,
कुकुरमुत्ता अब नहीं रहा है, अर्ज हो मंजूर,
रहे हैं अब सिर्फ गुलाब।"
गुस्सा आय काँपने लगे नव्वाब।
बोले; "चल गुलाब जहाँ थे, उगा,
सबके साथ हम भी चाहते हैं अब कुकुरमुत्ता।
बोला माली "फरमाएँ मआफ खता,
कुकुरमुत्ता अब उगाए नहीं उगता।"

□□□

कुकुरमुत्ता के प्रथम तथा
द्वितीय संस्करणों में निराला
द्वारा
किये गये परिवर्तनों
की तालिका

●

प्रथम संस्करण	द्वितीय संस्करण
1. फारिस	1. फारस
2. गजनवी महमूद का–सा बाग मनहर	2. गजनवी का बाग मनहर
3. गोद में तरतीब की	3. गोद पर तरतीब की
4. नेवाड़ी	4. निवाड़ी
5. गले लग–लग हवा चलती मन्द–मन्द	5. गले लगकर हवा चलती मन्द–मन्द
6. दूर तक फैले हुए सब छोर	6. दूर तक फैले हुए कुल छोर
7. दे रहा था बड़प्पन की थाह	7. दे रही थी बड़प्पन की थाह
8. बाग पर उसका जमा था रोबोदाब	8. बाग पर उसका पड़ा था रोबोदाब
9. पहाड़ी से उठा सर ऐंठकर बोला कुकुमुत्ता	9. पहाड़ी से उठे सर ऐंठकर बोला कुकुरमुत्ता
10. भूल मत कर पाई खुशबू, रंगोआब	10. भूल मत जो पाई खुशबू रंगोआब
11. डाल पर इतरा रहा कैपिटलिस्ट	11. डाल पर इसराता है कैपीटलिस्ट
12. पैर सर पर रख व पीछे को भगा	12. पैर सर रखकर व पीछे को भगा
13. जानिब औरत की मैदानेजंग छोड़	13. औरत की जानब मैदान यह छोड़कर
14. तबेले को टट्टू जैसे तंग तोड़	14. तबेले को टट्टू जैसे तोड़कर
15. इसलिए साधारणों से रहा न्यारा	15. तभी साधारणों से तू रहा न्यारा

प्रथम संस्करण	द्वितीय संस्करण
16. वरना क्या हस्ती है तेरी: पोच तू	16. वरना क्या तेरी हस्ती है: पोच तू
17. काँटो से ही है भरा, यह सोच तू	17. काँटों ही से भरा है यह सोच तू
18. जो निकाले इत्र-रू ऐसी दिशा	18. जो निकाले इत्र-रू, ऐसी दिशा
19. पेट में डंड पेलते चूहें, जबा लफ्ज प्यारा	19. पेट में डँड़ पेले हों चूहें, जवाँ पर लफ्ज प्यारा
20. डेढ़ बालिश्त और ऊँचा हुँ चढ़ा	20. डेढ़ बालिश्त और ऊँचे पर चढ़ा
21. कलम मेरा नहीं लगता	21. कल्म मेरा नहीं लगता
22. बुलबुला	22. बुलबुला
23. तूने रोटी छीन ली, जनखा बना। एक की है, तीन दी मैंने, सुना?	23. तूने रोटी छीन ली जनखा बनाकर। एक की दी तीन मैंने गुन सुनाकर
24. आज फिर रूप पैराशूट ले	24. आज का फिर पैराशूट ले
25. जैसे हों फ्रायड, लिटन	25. जैसे फ्रायड और लीटन
26. फैलसी और फिलसफा	26. फेलसी और फलसफा
27. जी रहे, फिर मर रहे, फिर हो रहे पैदा	27. जीते हैं, फिर मरते हैं, फिर होते हैं पैदा
28. ता ता धिन्ना चल रही जितनी तरह। देख सबमें लगी मेरी ही गिरह	28. ता ता धिन्ना चलती है जितनी तरह। देख सबमें लगी है मेरी गिरह
29. नाच में है मेरा ही जीवन खुला	29. नाच में यह मेरा ही जीवन खुला

प्रथम संस्करण	द्वितीय संस्करण
30. योरोपीयन	30. यूरोपियन
31. किसी तरह का हो हावभाव	31. किसी भी तरह का हावभाव
32. नहीं मुझमें हाड़, काँटे काठ या	32. नहीं मेरे हाड़, काँटे, काठ या
33. इस सफेदी को जहन्नम रो रहा	33. सफेदी को जहन्नम रोकर रहा
34. ज्यादा देखने को जैसे आँख दबा	34. ज्यादा देखने को आँख दबाकर
35. प्रोग्रेसिव का जैसे कलम लेते	35. जैसे प्रोगेसिव का कल्म लेते ही
36. यहीं से यह सब हुआ जैसे अम्मा से बुआ।	36. यही से यह कुल हुआ। जैसे अम्मा से बुआ।
37. पिरामिड	37. पिरामीड
38. मीनाक्षी	38. मीनाक्षी
39. जेवर का ज्यों कनक	39. जेवर जैसे कनक
40. चुनार	40. चुनार
41. मसजिद ईरान	41. मसजिद बगदाद
42. पड़ रही मेरी ही टार्च	42. पड़ती है मेरी टार्च
43. मकान	43. मकाँ
44. छत्ते को हैं घेरे	44. छत्ते के हैं घेरे
45. ट्रैप	45. ट्रेप
46. गान्धी कैप	46. किश्ती कैप
47. मैट, हैट	47. मेट, हेट

प्रथम संस्करण	द्वितीय संस्करण
48. घूमता सर पर चढ़ा	48. घूमता हूँ सर चढ़ा
49. सेल्हरों	49. सेलरों
50. हर तरह की बसीलीई पड़ रहीं	50. हर तरह की बासीली पड़ गई
51. हिन्दू-मुस्लिम	51. हिन्दू-मुस्लिम
52. थी नव्वाबजादी की वह हम-जोली	52. वह नव्वाबजादी की थी हमजोली
53. थी सारंगी-सी चढ़ी	53. सारगीं जैसी चढ़ी
54. बातों में ज्यों मँजती थी	54. बातों जैसे मँजती थी
55. सोचती थी गोली की माँ	55. गोली की माँ सोचती थी
56. गुर मिला	56. गुरु मिला
57. बिना पकड़े ऐंठती थी कान	57. बिना पकड़े खींचे कान
58. अदा माँ की	58. माँ की अदा
59. गोली डाँड़ी में पसंघे-सी बँधी कौड़ी।	59. गोली डाँडी पर पासंग वाली कौड़ी
60. साथ-साथ ही रहती दोनों अपनी-अपनी कहती दोनों दोनों के थे दिल मिले आँखों के तारे खिले	60. साथ ही साथ वहाँ दोनों रहती थीं अपनी-अपनी कहती थीं दोनों के दिल मिले थे तारे खुले खिले थे।
61. बात पर हँस झूमती थीं	61. खिलखिलाती झूमती थीं
62. हँसती होती लोटपोट	62. हँसकर होती लोटपोट
63. एक दिन हँसकर बहार बोली चलो बाग घूम आयें गोली चलीं दोनों जैसे धूप-छाँह गले गोली के पड़ी बाहर की बाँह	63. एक दिन हँसकर बहार यह बोली चलो बाग घूम आएँ हम गोली दोनों चली जैसे धूप और छाँह गोली के गले पड़ी बहार की बाँह

प्रथम संस्करण	द्वितीय संस्करण
64. सिटापिटाई देखकर ज्यों अड़गड़े में मर्द को रहा पर ज्यों बाबू उठती गर्द को;	64. सिटपिटाई जैसे अड़गड़े में देखा मर्द को बाबू ने देखा हो उठती गर्द को।
65. यों है उसकी माँ की सूरत	65. ऐसी उसकी माँ की सूरत
66. बन रहे हों गहने जेवर	66. बन रहे हैं गहने जेवर
67. झटके से सिरकाँख पर फिर ले घड़े	67. झटके से सिर-काँख पर फिर लिये घड़े
68. उड़ गया इक मकड़ी के फँसे जाल से	68. उड़ गया इक मकड़ी के फँसकर बड़ें-से जाले से
69. चमचमाता	69. चमचमाया
70. हों	70. हैं
71. आया माली हाथ में गुलदस्ते ले। झुक बहार को दिये	71. आया माली हाथ गुलदस्ते लिये गुलबहार को दिये।
72. छोड़ मोड़	72. छोड़ा मोड़ा
73. एक बगल कर झाड़ी	73. एक बगल की झाड़ी
74. ज्यों दोड़ी	74. जैसे दौड़ी
75. सकपकाई, देखने बहार लगी प्रेम से कुकुरमुत्ते के ज्यों ही गोली दगी भूल गया जो कुछ भी उसका था गुलाब पर प्यार, देखने लगी वह सिर्फ गोली को कर आँखे चार	75. सकपकाई बहार देखने लगी जैसे कुकुरमुत्ते के प्रेम से भरी गोली दगी भूल गयी, उसका था गुलाब पर जो कुछ भी प्यार सिर्फ वह गोली को देखती रही निगाह की धार
76. तोड़कर कुकुरमुत्ते होती थी उन पर निसार	76. तोड़कर कुकुरमुत्तों को होती थी उनके सिगार

प्रथम संस्करण	द्वितीय संस्करण
77. उसने अपने आँचल में तोड़ लिए कुल अब तक	77. उसने कुछ अपने आँचल में तोड़कर रखे अब तक
78. देखो तुम जो भर गुलाब खायेंगे हम कुकुरमुत्ते का कबाब	78. देखो जी भर कर गुलाब हम खायेंगे कुकुरमुत्ते का कबाब
79. सुनी ज्यों ही	79. सुनी उससे
80. होता है ऐसा लजीज भाजियाँ दुनियाँ में जितनी	80. होगा ऐसा भी लजीज जितनी भाजियाँ दुनिया में
81. हो आती है	81. आ जाती है
82. आँख चढ़ा कानी ने	82. चढ़ी-आँख कानी ने
83. लेकिन कुछेक घूँट लार के	83. लेकिन यह कुछ एक घूँट लार के
84. खबरदार, अगर इसे कुछ कहा	84.. नहीं-नहीं अगर इसको कुछ कहा
85. कुकुरमुत्ते का कबाब खाऊँगी इसके साथ, इसके यहाँ जाऊँगी	85. कुकुरमुत्ते का कबाब खाना है इसके साथ, इसके यहाँ जाना है
86. ज्यों भुक्खड़ फालोवर	86. जैसे भुक्खड़ फालोवर
87. भीतर आ डलिया में रक्खे	87. भीतर आ डलिये में रक्खे
88. एक निधि ज्यों मिल गई	88. निधि जैसे मिल गयी
89. फिर कहा गोली ने 'माँ'	89. कहा गोली ने 'अम्मा'
90. कोठरी में अलग जा आँख बाँदी की बचा	90. कोठरी में अलग चलकर बाँदी की कानी को छलकर
91. लगाई थाली	91. थाली लगाई

प्रथम संस्करण	द्वितीय संस्करण
92. खिला, मुँह और हाथ धुला पान दे बिदा किया	92. हाथ धुलाकर देकर पान उसको बिदा किया
93. नव्वाब के भी मुँह में आया पानी	93. नव्वाब के मुँह आया पानी
94. हो गया उन्हें विश्वास	94. उनको हो गया विश्वास
95. कुकुरमुत्ता अभी ले आया तू ताजा-ताजा	95. कुकुरमुत्ता चलकर ले आ तू ताजा-ताजा
96. अब नहीं रहा	96. अब नहीं रहा है
97. मंजूर अर्ज हो	97. अर्ज हो मंजूर
98. गुस्से में आ काँपने लगे नव्वाब	98. गुस्सा आया काँपने लगे नव्वाब
99. कुकुरमुत्ता उगाये नहीं उगता	99. कुकुरमुत्ता अब उगाया नहीं उगता।

❑❑❑